企業家は生きる

写真／海田 悠

Art Days

目次

「若き企業家に贈る言葉」

海田悠さんがまた、若手の経営者31名の写真展を開き、その経営者たちの写真集を刊行されるというのは、今の時期に極めて意義深いものがあります。

安倍政権が誕生して、少し経済に明るい兆しが出てきたとはいえ、まだまだほとんどの中小企業は厳しい環境下にあるし、成長の望めない時代です。そして日本はますます少子化し、労働人口の減少も問題です。しかし、そんな時代だからこそ、企業はもっと本質的に変わるべきだし、元気のいい若手企業の成長が必要なのです。

ソニーが急成長した60年代、70年代、80年代、ソニーは完璧に世界に向いて成長していきました。若手の企業家は、上場したとか、ある程度の成功をしたからといって満足することなく、グローバルな視点を持ち、自らの社会における役割を問い続けて経営をすることが重要だと思います。

この31名の企業家の中から、世界に羽ばたく経営者が出てほしいと願ってやみません。

2013年　早春

出井伸之

石井 進也

Ishii Shinya

エンカレッジ・テクノロジ（株）

勇気

石井進也

石井 進也

震災翌日の社員へのメールと今の思い

東日本大震災の翌日、私は全社員に以下のようなメールを送りました。

「今回の東日本大地震は、1、０００年に1度の確率の地震のようで、関東大震災の約50倍、阪神大震災の約1、５００倍のエネルギー規模の超巨大な地震だったようです。とにかく大変な大災害です。震源から離れているここ東京でも、皆さんがこれまでに経験したことのない激しい揺れであったと思います。

従来の地層の調査において、大津波によると思われる砂の堆積から推定すると前回の大地震は現在から1、1４０年前、つまり平安時代（９６０年頃）のものだそうで、5、０００年の間の5回目の大地震だったようです。

それにしても、テレビ、新聞で見る現地、東北地方の災害状況は誠に気の毒な事態で、同じ日本人として実に悲しい思いです。災害地域の1日も早い復旧を祈るばかりです」

阪神大震災の時も大混乱の中で略奪行為等が発生しないことに世界は驚いたようですが、今回の大震災でも、この惨状での我々日本人の冷静さに世界は驚嘆しています。イギリスの新聞は、異例の日本語で見出しに「がんばれ　日本、がんばれ　東北」と報じており、韓国でも同様に日本語で見出しが出ています。中国では日本人の現地の被災者、周辺からの支援者の立派な態度に見習うべきだと報じています。我が日本は、世界に誇れる秩序と幾度かの災害から立ちあがった復興に向けた力強さを持っています。

あれから時が経ち、心の痛みも少しずつ和らいできています。しかし、東北の皆さんは未だ震災の傷跡の癒えぬままに生活しています。変わってはいけないもの——もし我々が直撃されていたら、原発が住まいの横にあったら、社員は大丈夫か、会社事務所は大丈夫か、事業は継続できるか……その危機感を忘れずにいるためには、今回の震災に際して、当事者意識を持ち続けることしかないと思います。この4月、新年度のスタートのスローガンは「当事者意識を強く持つ」。今、想いを新たにしています。

Profile

エンカレッジ・テクノロジ株式会社代表取締役社長。

1962年2月18日生まれ。コンピューターサービス株式会社：CSK（現：SCSK）人事採用/SE/営業担当、ジョイント・システム・テクノロジ株式会社（現：BMC）営業本部長、フュージョンワン株式会社取締役ビジネス開発部長、株式会社ブロード最高執行責任者を経て、現在に至る。

曽祖父は大工の棟梁、祖父は銀行の会長、父は研究者（ウナギの人工孵《ふ》化《か》）と、皆三者三様の仕事に従事。CSKに在職中、海外ソフトウエアパッケージに興味を持ち、満10年で退職。18年間IT業界に精通し、IT（安全・安定）＝企業経営でありながら日の目を見ないシステム運用（コンピューターシステムの維持・保守管理業務）現場に勇気を提供すること、まだまだ米国主導のパッケージ業界に日本人の本来強みのモノ作り技術と高品質を証明したく、ソフトウエアパッケージベンダーを40歳で起業し現在に至る。

02年11月1日お客様にとってのあるべきシステム運用を実現するためにソフトウエアパッケージベンダーとしてエンカレッジ・テクノロジ株式会社（会社概要：www.et-x.jp）を起業。当社のモットーは、社名にも採用している「勇気（エンカレッジ）」、ただ漠然とお客様の要求に応えるだけでなく、その悩みやニーズのもととなる真の目的を共有するため、お客様と活発なディスカッションとヒヤリングを行い、新たな価値を創造するパッケージソフトウエアを開発していく。

石田　克史

Ishida Katsuhi

ジャパンエレベーターサービス（株）

王道

石田克史

石田 克史

目指すべきはグローバルスタンダード
世界基準を日本国内に導入し、
ジャパンクオリティを確立した上で、
世界進出を行う。

座右の銘は　王道

Profile

ジャパンエレベーターサービス株式会社代表取締役。
1994年 ジャパンエレベーターサービス株式会社設立代表取締役就任。99年ジャパンファシリティー株式会社設立 代表取締役就任。10年KIホールディングス株式会社設立 代表取締役就任。同年株式会社横浜フリエスポーツクラブ 取締役就任（副会長）現在に至る。

石田 茂之

Ishida Shigeyuki

(株)AP

刻苦勉励

石田茂之

石田 茂之

日本でダイヤモンドの輸入が自由化されたのは１９６０年。父はその年に輸入を開始した日本のダイヤモンド業界のパイオニアで、64年には既にダイヤモンド会社を経営していました。ダイヤモンドはユダヤビジネスが主流なので基本的には信用を重んじる世襲型。日本でのダイヤモンド専門会社の二代目としては、私は最年長になります。

高校・大学と宝石とは縁遠い体育会でしたので、ダイヤモンドビジネスでのアドバンテージを得る目的でヘブライ語を修得しにイスラエルへ留学。その後24歳で、当時アントワープダイヤモンド取引所で最年少駐在員となりました。帰国後、94年にイスラエルのハイテク企業と共同で開発した鑑定機材を日本へ導入。当時はカットは二の次、大きければいいという時代で、カットの測定をする機材導入には逆風が吹く中、「ダイヤモンドの価値はカットの美しさである」という信念と、いずれカットが重要視される時代が来るという確信から導入を推進、日本においてはもちろん世界中のスタンダードとなり、信念が間違っていなかったと証明する事ができました。

04年にはアントワープの財産的ショコラティエ「DEL REY」を、美しさに主眼を置いたダイヤモンドビジネスのノウハウにより日本展開。セレブスイーツという新たなジャンルを築くことに成功しました。09年にはダイヤモンドジュエリー専門ブランド「AFRICA DIAMONDS」を東京ミッドタウンで立ち上げ、業界初の産地・価格戦略において大成功を納めました。13年3月には新業態で六本木ヒルズに新店舗をオープンします。

伝統を重んじるダイヤモンド業界において、美しさという普遍の価値を追求する事、時代の変化に対応し、新しい価値を切り開くこと、この相反する二つの価値を同時に追求し、創造し続ける事が使命だと思っています。13年からイスラエルのハイテク企業と共同で、ネットによる小売店販促サービスを開始し、新たなダイヤモンドビジネスの時代へ挑戦する予定です。

現役シュートボクシングの最年長選手としても活動していますが、プライベートでもビジネスでも新たな挑戦を常に続けていきたいと思っています。

Profile

（株）AP 代表取締役社長。

1962 年 8 月 8 日東京都生まれ。84 年の大学卒業後にイスラエルのテルアビブ大学に留学。同時に国立語学学校・ウルパン メイールに入学、ヘブライ語を習得。帰国後 86 年、ダイヤモンド輸入業の株式会社 AP に入社。ベルギー・アントワープのダイヤモンド取引所駐在員に着任、現地法人「J.D.O」設立、代表取締役に就任。93 年には株式会社 AP 代表取締役社長に就任。94 年、イスラエルのハイテク企業と共同でダイヤモンドのプロポーション測定器「ダイヤメンション」を開発。日本に導入し、世界中の鑑定機関のスタンダードとなる。04 年にダイヤモンドブランディングのノウハウを生かし、ベルギーの老舗ショコラティエ「DEL REY」の日本展開を開始、その後アメリカの NOKA CHOCOLATE や Belberry など展開し、有楽町イトシア、東京ミッドタウンなど各地商業施設に出店、セレブスイーツブームの火付け役となる。09 年、本業のダイヤモンドビジネスにおいてダイヤモンドジュエリー専門ブランド「AFRICA DIAMONDS」を立ち上げ、東京ミッドタウンに一号店をオープン。厳選された立地において店舗展開を進め、13 年 3 月には六本木ヒルズに新店舗をオープンする。また、格闘家の一面を持ち、現役シュートボクシング選手として活躍中。

稲吉　正樹

Inayoshi Masaki

自分未来アソシエ（株）

今、

稲吉正樹

稲吉 正樹

今年は創業から19年目となり、昨年は当社にとって飛躍の一年となりました。

当社は英会話、学習塾という日本の教育事業、２大マーケットにおいて、トップレベルのブランドを保有しています。

「より一層教育事業に特化し、次の日本の教育業界を牽引する」

教育業界No.１を目指し、「攻め」と「改善」の姿勢で、会社として、企業として、周囲の想像を超える驚きの飛躍を遂げたいと思っています。

Profile

株式会社 自分未来アソシエ株式会社 代表取締役社長。

1969年7月3日生まれ。92年愛知県蒲郡市役所入庁。95年個別指導学習塾「がんばる学園」創業。96年有限会社がんばる学園設立（現 株式会社ジー・コミュニケーション）03年6月に、ジー・コミュニケーション社から教育事業を分社して、株式会社ジー・エデュケーションを設立。06年に英会話教室「EC」を各地で展開する株式会社イー・シーを子会社化し、07年には同社に統合して外国語教育事業の展開を行う。会社更生手続開始の申立て（会社更生法適用申請）をした株式会社ノヴァ（NOVA）、10年4月に破産手続開始の申立て（破産申請）をした株式会社ジオス（GEOS）のスポンサーとなり、両外国語教室の一部を引き継いだ。09年いなよしキャピタルパートナーズ株式会社設立代表取締役。11年自分未来アソシエ株式会社（ジオスコーポレーション株式会社と合併。社名変更）代表取締役社長（現任）

乾 晴彦

Inui Haruhiko

（株）串の坊

心のままに

乾 晴彦

乾 晴彦

私が三十余店舗の飲食店経営をしている中で常に心掛けているのは、好景気と不況の狭間の中で、どんな渦中にあっても、経営の軸足をどちらにも傾けずお客様や食材の生産者と向き合い粛々と調理するということです。

決して目先の利益を追って儲けようとする店ではなく、バランス感覚を大事にして、自然と儲かる店造りを目指しています。

「八丁味處　串の坊」の常に創意工夫を欠かさぬ味とスタイルは、昭和25年の創業時より受け継がれてきた民芸調に統一された落ち着きのある店舗の雰囲気と相まって、当社独自の風格を醸しだし、食通の紳士淑女間に好評を博しております。

六本木ヒルズにある、串の坊の創業年でもある「１９５０」を店名に冠した「kushinobo1950」は、広いフロアにさまざまなシーンのある店舗になっています。また、最近では大阪阪急うめだ本店や、あべのハルカスに斬新なタイプの「串の坊」を出すなど、常に業界に新しい串揚げの文化を発信しております。

天然ふぐ専門店「六本木浜藤」ではふぐ料理と白トリュフや黒トリュフのコラボレーション等、ふぐ料理業界の革命的な店として常に注目を集めております。

世界の中での日本の評価が、少しでも私たちの料理に因って凛とするように精進して参りたいと思っております。

Profile

株式会社串の坊代表取締役社長。

天然ふぐ専門店「六本木浜藤」店主。

1962年2月28日大阪生まれ。血液型B型。84年天然ふぐ専門店「六本木浜藤」を22歳で創業。04年株式会社 串の坊代表取締役に就任。06年「美味しい串揚げの本 kushinobo」を出版。08年 シャンパーニュ騎士団 シェヴァリエ叙任。09年コマンドリー ド ボルドー コマンドゥール叙任。09年インターナショナル ワイン チャレンジ 日本酒部門審査員就任。

Iwai Yosuke

岩井 陽介

（株）レピカ

岩井 陽介

僕たちがやりたいこと。

アイデアとテクノロジーで、
革新的なサービスを提供し、世界中の人々に届けること。

それは、便利で楽しく、ドキドキ・ワクワクするサービス。

それは、子供の頃憧れていた未来の姿、まだ見ぬ未来の姿を創るビジネス。

お客さんも、取引先も、社員も、株主も、関係している人たち、
応援してくれている人たちみんなをハッピーにする、
みんながハッピーになるビジネス。

それを僕たちは、ずっとずっと続けていきたい。

「A Dream You Dream Together Is Reality」
みんなで一緒に見る夢は実現する

Profile

株式会社 レピカ 代表取締役 CEO。
1998 年株式会社サイバード設立、専務取締役就任。数々のモバイルインターネットサービスを立ち上げる。00 年 JASDAQ に上場。コンテンツ事業、コマース事業、メディア事業、海外事業等を手がける。06 年株式会社レピカ設立。ギフト・プリペイド・ポイントカードのソリューション、メール配信エンジン、CRM ソリューションを提供。10 年アララ株式会社設立。AR アプリ「ARAPPLI」、グルメ SNS アプリ「GuGuLOG」、アプリ紹介サイト「アプリソムリエ」等、スマートフォンサービスを提供。現在、両社の代表取締役 CEO を務める。

大澤 静可

Osawa Shizuka

（株）メモリアルアートの大野屋

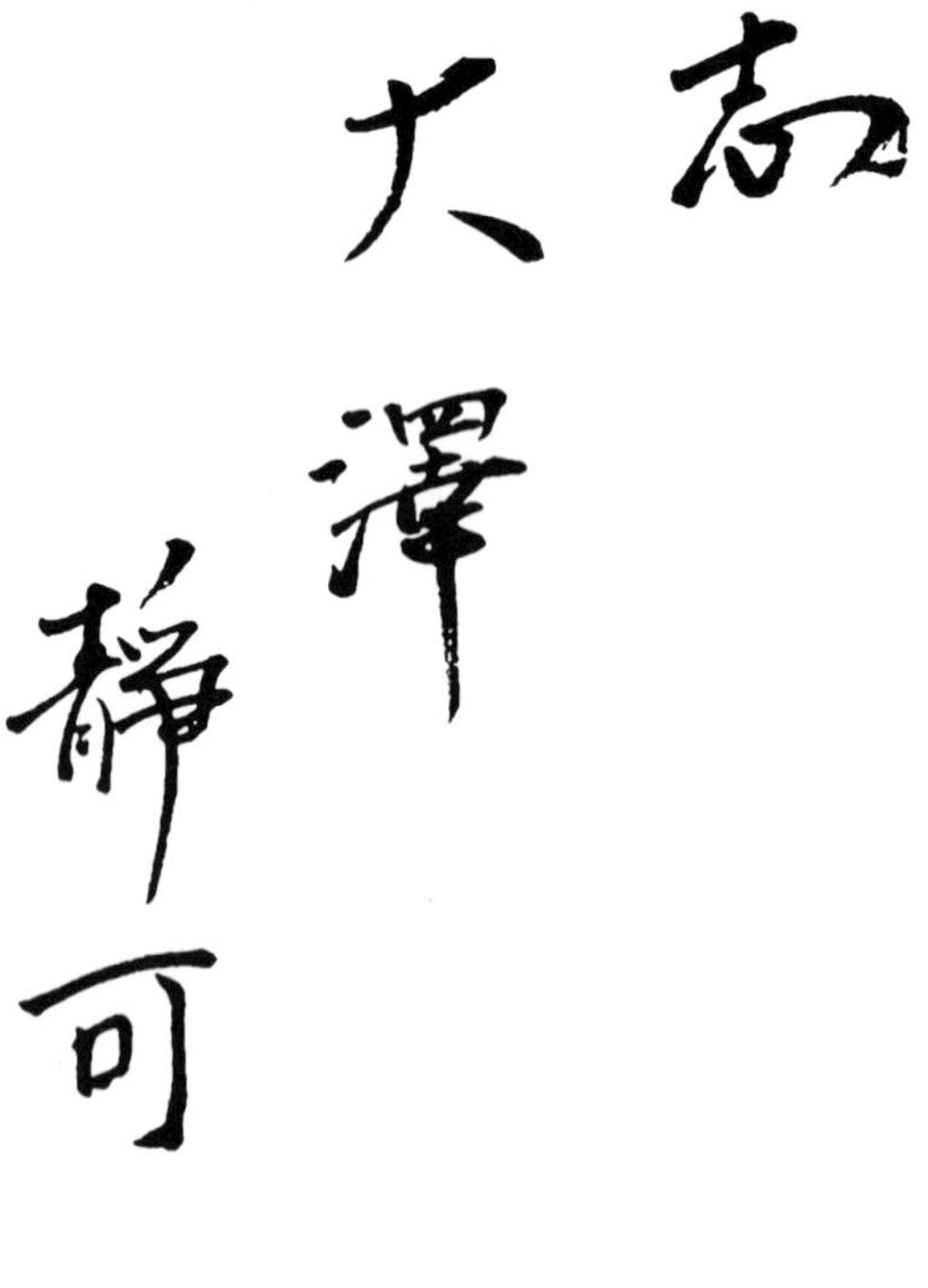

大澤 静可

——メモリアルアートの大野屋は、関東・関西・中京を中心に「こころの豊かさ、こころのやすらぎの提供」を経営理念に、墓石、霊園、葬儀、仏壇など仏事に関するコンビネーションビジネスを実現した、創業74年の葬祭業界のリーディングカンパニーだ。

メモリアルアートの大野屋、入社以来、絶えず業界に先駆けた新しい商品・サービス、「デザイン墓石」「リビング葬」、ペットも一緒に眠れるお墓「With ペット」、書家・武田双雲とのコラボ商品「双書」等を提供。近年は、手元供養ブランド「ソウルジュエリー」、葬儀ブランド「花で送る家族葬」の展開、セコム株式会社との取組みなどは、業界だけでなく他業種・消費者からも注目され、日本人の死生観、葬送観を大切にしながら、既成概念にとらわれず、時代の変化の半歩先を見据えた葬送のスタイルを常に提案し続けている。——

「おもいをかたちに」——日本人らしさを感じる一つの葬送観があります。しかしここにも急速に変化の兆しが見られます。どの世界でも簡素化や低価格化が起きており、決して時代の流れを否定するものではありません。ただ、大切な人を失う悲しみを正面から受け止める事なく、簡素に流してしまおうとする風潮は日本人らしさを失いかねません。だからこそ、常に〝想い〟は原点に帰って、現代社会の変化に合わせて表現し続けていきたと思っています。

Profile

株式会社メモリアルアートの大野屋 代表取締役社長 最高経営責任者（CEO）。1959年東京都生まれ。成蹊大学経済学部卒業後、三井建設株式会社（現 三井住友建設株式会社）入社。85年株式会社メモリアルアートの大野屋入社 同社取締役就任。工事本部・関東営業本部などを経て94年専務取締役、97年代表取締役副社長、99年代表取締役社長 最高執行責任者、07年代表取締役社長 最高経営責任者（CEO）就任。趣味は、ゴルフ、水泳、マジック。

大平 雄伸

Ohira Takanobu

（株）ＯＭＧホールディングス

人を活かす
人に活かされる
大平雄伸

大平 雄伸

株式会社ＯＭＧホールディングスでは、企業理念として・人を活かす、人に活かされる・独立自尊の精神・プロフェッショナリズム・常に進歩、常にベスト・人間力の向上・自分次第を掲げ、「げんき堂整骨院」「げんき堂鍼灸院」「ＧＥＮＫＩ Ｐｌｕｓ」「鍼灸Ｓｐａ健美」などの治療院事業、予防介護機能訓練特化型デイサービス「ＧＥＮＫＩ ＮＥＸＴ」デイサービス「げんき」有料老人ホーム「グッドライフ」などの介護事業、「ｒｅｌａｘ」「楽」などのリラクゼーション事業を全国へ展開することにより、世の中の方々の心と体を健康にする為の事業を推進することで社会貢献し続けています。

以下、私が日々、自身の中心に据えている哲学です。

自分の部下を成功へ導ける！　自分の周囲の人々を幸せに出来る！　世の中の人々を幸せにする行動が出来る！　こんな成功者を５００人創りたい！　５００人の成功者が20人の成功者を創ると1万人の成功者を創ることが出来る！　1万人の成功者が20人の成功者を創ると20万人の成功者が出来る！　20万人の成功者が20人の成功者を創ると４００万人の成功者を創ることが出来る！　素晴らしい成功者をたくさん創ることができれば世の中が変わる！

Profile

OMG PARTNERS 代表取締役。
1964年11月13日生まれ。群馬県出身。86年3月帝京大学付属柔道整復専門学校卒業。同年「高宮接骨院」入社。88年「朝霞中央接骨院（高宮接骨院分院）」の院長に就任。91年「おおひら接骨院」を開院。98年げんき堂幸和整骨院。98年（有）オオヒラメディカルネットワークを設立。げんき堂大地整骨院設立。99年げんき堂あさひ整骨院設立。99年リラクゼーションサロン「リラックス」オープン。01年デイサービスセンター「健康サポートげんき」を開設。03年「リラックス」50店舗目開設。株式会社OMG設立 リラクゼーション事業を統括する。07年予防介護小規模型デイサービス「GENKI NEXT」オープン。08年株式会社GENKIDO設立　治療院事業を統括する。09年株式会社介護ＮＥＸＴ設立、介護事業を統括する。10年株式会社群馬プロバスケットボールコミッションを設立。10年7月「げんき堂整骨院」50院目 開設。12年5月「GENKI NEXT」50施設目 開設。「GENKI NEXT」100施設目 開設。13年現在 OMG PARTNERS 296施設。株式会社GENKIDO 102施設（整骨院69院・学校7・鍼灸整体26）。株式会社OMG 72施設。株式会社介護NEXT 121施設（GENKINEXT109施設）。株式会社アクセルソンビジネス東京1施設。

河越 誠剛

Kawagoe Seigo

寿スピリッツ（株）

ツイてる
ただ
それだけ
寿スピリッツ
河越

SEIGO

河越 誠剛

私は、人が幸せになる法則がいくつかあると思っています。ひとつは、常に「ツイてる」と物事を受け止める事です。世の中には自分にとって都合が良いか、悪いかのふたつの受け止め方しかないと思っています。その受け止め方が一番大事だと言う事です。自分にとって都合が悪い事が起きた時は、「これぐらいで済んで良かった。ツイてる」という受け止め方が大事であり、自分にとって都合の良い事が起きた時は、「自分の実力ではない。周りの方に感謝します。ありがたい。ツイてる」という受け止め方が大事です。

もうひとつは、「因果応報」を信じる事が出来るかどうかです。私達は日々懸命に努力しても、その努力通りに結果が出ない事がほとんどです。しかし、努力した結果は必ず出る‼　と信じて一生懸命努力を続けられるかどうかが大事です。そして自分が幸せになる為には、まずは自分より先に相手を幸せにする事が大事だと、社員に話しています。私達が幸せにする第一の相手はお客様と一緒に働く仲間です。

当社の「喜びを創り　喜びを提供する」という経営理念を具体的な日々の仕事に置き換えると、従業員一人ひとりが「今日1人熱狂的なファンを作る」事です。接客に携わる社員は「ありがとうございます」の一言で、製造に携わる社員は一個のこのお菓子で、一生お付き合いをしていただけるお客様を作る事です。お客様に幸せになっていただく事で会社は発展し、結果私達はより高いステージで充実した仕事を行うことができ、得られる報酬が増え幸せを実現できるのです。

Profile

寿スピリッツ（株）代表取締役社長。1960年11月21日生まれ。鳥取県米子市出身。83年3月京都産業大学経済学部卒業。同年株式会社アイ・ワールド入社。87年同社退社。同年寿スピリッツ（株）入社、専務取締役。91年代表取締役 副社長。94年代表取締役社長(現任)。寿スピリッツの前身は52年設立の「寿製菓株式会社」。06持株会社化にともない、現在の社名に変更。本社は鳥取県米子市旗ヶ崎。和洋菓子メーカー。観光土産の最大手。全国に子会社を配し各地域ブランド商品を製造。JASDAQ上場。

木地本 朋奈

Kijimoto Tomona

(株)トリリオン

明るく
楽しく
元気に

ともな

木地本 朋奈

お父さんの時代、日本は決して裕福ではないが、逞しかった。
一人一人の日本人が、上を向き、前を向き、外を見て、
ひたすらに、ひたむきに、走っていた。

最近の日本人は、驕ってはいるが、危機にひ弱く、すぐに
逃げ出してしまうことが多い様な気がする。

そんな中、東日本大震災をうけた東北の方々が、本当に
強く逞しく乗り越えられておられる！
そんな姿を見て感動しない日本人はいないと思う。

日本人　古来からの、固有の、和の精神を持って、
上を見て、前を見て、外に向かって、
頑張って行く！

Profile

株式会社 トリリオン 代表取締役。

1965年三重県四日市市生まれ。87年慶應義塾大学 法学部法律学科を卒業後、大手ディベロッパー・外食運営会社のマネージャーを経て、93年株式会社トリリオンを設立。大型温泉・温浴施設の安全衛生・省エネルギーエンジニアリングサービスの他、温泉・温浴施設の安全衛生・設備保全管理業務、CO2・コスト削減コンサルティング　省エネルギーシステム設計・施工・管理業務、浴場リニューアル設計・施工業務、データ分析、マーケティング、セールスプロモーション支援業務、温泉・温浴施設向けのヘルスケアサービスの開発等を行っている。現在、「公益社団法人日本サウナ・スパ協会」の諮問委員、「社団法人関東ニュービジネス協議会」の理事に就任。

君嶋 哲至

Kimijima Satoshi

（株）横浜君嶋屋

愛と平和

君嶋哲至

2008.8.25

君嶋 哲至

人生のテーマは「情熱」

家業の酒販店を継ぐとすぐに日本各地の日本酒・焼酎の蔵元を訪ねて歩き、無名でも質の良い旨い酒を造る造り手と出会い、銘酒を次々と発掘した。またフランスなどのワイン生産地にも度々足を運び、小規模でも環境や健康に配慮したブドウ栽培や丁寧な醸造を行っているなどの優良な生産者達を訪ね、自社でワインの買い付けも始めた。こうして横浜君嶋屋を自らの目で選び抜いたこだわりの酒を取り扱う「酒のセレクトショップ」に築き上げた。情熱を持った造り手が丁寧に造り出す本当に美味しい酒と料理の相性を探り、ベストマリアージュを追求することに日々「情熱」を注ぎ、それをお客様にお勧めすることに悦びを感じる。

２０１３年3月には丸の内のオフィスエリアで6年間営業した横浜君嶋屋丸の内店を、老舗ひしめく伝統ある大人の街「銀座」に移設した。屋号は「銀座　君嶋屋」、場所は中央区銀座1丁目。

こちらは丸の内店の4～5倍の広さで、店内にスタンディングバーも設置。ワイン・日本酒・焼酎をグラスで有料試飲でき、簡単なツマミと一緒に楽しめるスペースがある。

目指したのは長い間温めていた夢、「酒のワンダーランド」。来店してくれたお客様が気軽にお酒に親しめて居心地良く買い物ができるお店に発展させることが目標。スタッフもお酒と接客のプロフェッショナルを揃えている。

「良質なもの以外は扱わない。無名でも質が良く生産者の顔が見えるお酒を販売する」この揺るぎないモットーが本物志向の街「銀座」で受け入れられると確信している。

そして、更なる夢は世界進出だ。

私生活ではMystic Watersを結成してバンド活動を再開。毎月ライブに出演し義援金を集め、３・11東日本大震災で大きな打撃を受けた石巻ライブハウス大作戦に寄付する他、ＣＤ「日本酒が最高」も好評発売中でカラオケでも全国配信されている。こちらにもかなりの「情熱」を注ぎこんでいる。

Profile

（株）横浜君嶋屋 代表取締役社長。

1892年君嶋商店として創業した酒販店の4代目。君嶋屋は、1983年酒類専門店となる。93年株式会社 横浜君嶋屋を設立。97年フランスよりワインの直輸入を開始。06年丸の内店開店。12年店舗移設のため、丸の内店閉店。13年銀座君嶋屋開店。田崎真也ワインサロン、東急カルチャースクールBE、NHK文化センター等でワインの講師を務めている。

ワイン普及に対する功績受賞タイトル

コトー・デクサン・プロヴァンス／仏 シュヴァリエ デュ タストヴァン ブルゴーニュ／仏 シャンパーニュ騎士団／仏 コマンドリー ド ボルドー／仏 IWC SAKE部門シニアジャッジ、長野県原産地呼称管理委員会　日本酒官能審査委員、任天堂DSソフト「酒匠」監修、雑誌「ヴィノテーク」酒テイスター 「ワイン完全ガイド」（池田書店）監修 「ワイン「楽しみ方」の基本」（池田書店）監修、「日本酒完全ガイド」（池田書店）監修。

Kuwahara Masamori

桑原 正守

ソーシャル・アライアンス（株）

優柔決断

桑原正守

桑原 正守

父親が会社経営をしていた影響を受け、小さいころからの目標は社長になることだった。高校を出てすぐにデパートのレストランで働き始めたが、あるセミナーで出会った経営者に、「もし君が社長になりたいのであれば、フルコミッションの営業で自分を磨け」と言われたのを機に、19歳で営業の世界へ飛び込む。

その後、かかわった営業はすべて最短でNo.1を達成。中でも世界80ヶ国で展開されているプログラム販売の営業においては、史上初の三冠王（個人・マネージャー・代理店）に輝く。

２００３年、セールス・アソシエイツ株式会社を設立。自身が培ってきた営業スキルを誰でも身につけられるよう体系化した教育プログラムを開発し、多くの営業マンの支持を得る。

２００７年には、セールスという特定分野にとどまらず、あらゆる分野におけるコミュニケーション能力の向上育成の必要性から社名をソーシャル・アライアンス株式会社に変更。

教育現場や職場でのコミュニケーション環境の改善に尽力する傍ら、講演や執筆活動などを通して、人の成長や企業の発展に貢献している。

Profile

ソーシャル・アライアンス株式会社 取締役会長。

1965年新潟県生まれ。高校卒業後、大手百貨店にウェイターとして就職。将来の夢を胸に自分を磨き、その可能性を試すため19歳でフルコミッション営業の世界へ飛び込む。02年営業マンの活動支援を目的とした「セールス・アソシエイツ株式会社」設立。営業スキルやノウハウを誰でも身につけられるよう体系化した教材や独自の研修事業は、多くの営業マンの支持を得る。05年FC（フランチャイズ）事業開始。全国に活動を展開する。07年「ソーシャル・アライアンス株式会社」へ社名変更。営業という特定分野にとどまらず、あらゆる分野におけるコミュニケーション能力の向上・育成を目指すべく、現在もその活動を続けている。著書は『もし、坂本龍馬が営業マンだったら』（ダイヤモンド社）『「あなただから」と言われる営業マンになりなさい！』（学習研究社）ほか多数。

阪本 美貴子

Sakamoto Mikiko

（株）ヒューマントラスト

信は万物の
基を成す

阪本 美貴子

阪本 美貴子

当社は、「信頼」で結ばれた「人」の力を最大限に活用することを基本姿勢とし、単にクライアントへ人材を紹介、派遣をするだけに留まらず、人材募集から、人材の供給、給与計算代行までを一気通貫で提供する人材支援サービスや、ビジネスプロセスアウトソーシング（ＢＰＯ）業務、軽作業請負、営業代行、営業支援、販売支援などの業務の企画・立案から設計・運営まで「人材」に関するあらゆるサービスを受託・提供する総合人材サービス会社です。

就業当日に給与の一部を当社の提携ＡＴＭから24時間３６５日引出しが可能な給与即日払いサービス「CYURICA（キュリカ）」を独自開発・運用し、就業者の人材確保や定着率の向上を実現。

物流や販売、イベント、催事、引っ越し、事務処理など、短時日、長期問わず、必要な時に必要な人材を労働者派遣法に抵触することなく一人から数千人単位の人材を紹介、派遣を可能とし、雇用の創造と拡大に大きく寄与しております。

Profile

株式会社ヒューマントラスト 代表取締役社長。

東京家政大学卒業後、大手情報サービス会社、大手人材派遣会社を経て、1995年２月、現ヒューマントラストホールディングス代表取締役社長兼ＣＥＯである阪本昌之が創業した（株）ヒューマントラストの取締役管理部長として経理、財務、人事を担当。大阪支店開設後、札幌、仙台、新潟、横浜、静岡、名古屋、大阪、広島、福岡と全国に拠点を開設する。02年６月より代表取締役社長に就任。07年には持株会社（株）ヒューマントラストホールディングスの取締役も兼任。趣味は絵画、書の鑑賞。

Shimada Toru

島田 亨

Rakuten Asia PTE. LTD.

島田 亨

楽天は08年の台湾進出を皮切りに、09年にはタイ、10年には米国とフランス、11年にはインドネシア、ドイツ、英国、ブラジル、12年にはマレーシアへと進出し、海外展開を加速してきました。それに伴い、12年7月には本社での社内公用語を英語に切り替え、名実ともにグローバル化を実現してまいりました。

また、さらなるグローバル展開を目的として、12年6月にはシンガポールにアジア地域での本社となるRakuten Asia Pte. Ltd.を設立、私は同社のChairman & CEOを拝命し、設立と同時にシンガポールに赴任いたしました。アジア地域本社のミッションとしては、１．既存ＥＣ事業の拡大　２．アジア地域でのエコシステム（楽天経済圏）の創出　３．アジア地域における新たな国への進出を掲げています。

近い将来では、15年に創設されるＡＥＣが大きな鍵になると考えています。ＡＥＣの導入後はモノとヒトの流れにおける自由化が段階的に進むと考えられます。しかし、すぐにはインフラの整備ができないため、導入から数年間は物理的なモノの流れよりもインターネットベースでの情報・モノのやりとりが増加すると予想しています。その時を見据え、各国で構築したＥＣ事業基盤や経済圏を他国と結び付け、クロスボーダー取引を発展させたいと考えています。

私の個人的な見解ですが、20年までに全世界での楽天全体の年間流通総額を10兆円まで引き上げたいと考えています。また、海外流通総額を7兆円とし、さらにそのうち半分に当たる３兆５０００億円をアジア事業から得たいという思いを持って事業を進めています。

これまでの国内でのビジネスから一転して、シンガポールというグローバルな環境で日々奮闘しています。アジアという舞台に身を移しても、企業様や消費者のみなさまに選ばれ続ける企業であることを目指してまいります。

Profile

Rakuten Asia PTE. LTD. Chairman and CEO

1965年3月3日生まれ。東京都文京区出身。87年株式会社リクルート入社、89年人材紹介会社インテリジェンスを創業。取締役就任。01年～04年インテリジェンス上場後、同社を退任し、個人投資家として、多くの企業に社外役員として経営に携わる。04年株式会社楽天野球団 代表取締役社長就任。05年楽天株式会社 取締役執行役員就任。06年楽天株式会社 取締役常務執行役員就任（現任）。08年株式会社楽天野球団 オーナー就任。11年日本プロ野球組織オーナー会議 議長就任。12年Rakuten Asia Pte Ltd Chairman and CEO就任（現任）シンガポール在住。

修行 憲一

Shugyo Kenichi

（株）ジェイブレイン

修行 憲一

〝ひと〟にこだわる。……組織も社会も〝ひと〟の集合体であるから。一人ひとりの人生は、他の誰かの計画に、反射的にコントロールされるのではなく、自分を生きることにある。自分本来の能力を活かすこと、自分を信じることができるのは自分だけである。

　自分の内なる意識にしっかりとグリップすることによって、初めて他人の夢に共感できたり、社会と自分らしく関わることができる。意識されることなく、無駄にされている能力や隠された能力を見つけ出して、育てていく。企業の中でこそ、それを実現できる場だと信じている。

　内なる意識を見つけ育てていくということは、やり方をただ教えることではない。場をつくりだし、それに関わる過程において相互に気づきや発見を促進していくことに他ならない。自分とじっくり向き合うことで、しがらみや環境に問題点をすり替えることなく〝あり方〟にこだわり、豊かな人生を過ごしていくことにつながる。それこそ本当の意味での自己実現といえるのではないだろうか。

『あり方』の中には、私たちが日本人として本来持っている資質の領域でもあるだろうひとり一人の個性と共に、日本人として共通の領域、自分とじっくり向き合うことで、日本人としての本分にも触れることができる。世界の中でグローバルに生きていくということは、日本人としての個性を表現していくことでもある。

　世界がどのように変化していったとしても、自分自身ならではの、そして日本人ならではの本質にぶれることなく生きていくことができれば、むしろ柔軟に対応し新しい何かをつくりだしていくことが出来るであろう。コントロールされずに自己実現を推進していくこと、次世代のために意志を持って実行することが未来を創り出すことができる、ということを身を持って伝えていきたい。

Profile

株式会社ジェイブレイン 代表取締役。1966年福岡生まれ。89年防衛大学校卒業。03年日本大学グローバルビジネス研究科（MBA）卒業。89年リクルートグループ入社。不動産事業、人材ビジネスでの事業開発を経て、97年ベンチャー企業のグッドウィル・グループに参画。99年株式会社グッドウィル・キャリア代表取締役就任。グループ介護会社の全国スピード展開や新事業立ち上げに従事。02年5月株式会社ジェイブレイン設立、代表取締役に就任。12年株式会社ソーシャル・スコア・ストラテジー代表取締役に就任。02年文部科学省ＷＧ研究員となる。大学にて「クライアント・マネジメント」「ベンチャー経営論」の教鞭をとる。事業立ち上げの顧問、スタートアップベンチャーから上場企業まで経営戦略、組織コンサルティングなどを手掛ける。著書に「ベンチャー企業で働くということ」(大和書房)「プロフェッショナルストラテジー」（しののめ出版）「成功の法則」（アントレ出版）「株式公開へのロードマップ」（ダイヤモンド出版）監訳「繁栄する診療所の開設と運営」（じほう）共著「MOT」（丸善）共著他。

高畠 靖雄

Takahata Yasuo

（株）デザインワン・ジャパン

継続

高畠靖雄

高畠 靖雄

毎週日曜日にＮＨＫ杯将棋トーナメントを見る。４年ほど前から始まった私の習慣だ。見ていると意外にも将棋と経営で共通点が多いことに気付く。

将棋では大局感を持ち、局面を判断し、手を読み、決断して次の一手を打つ。経営では、世界、日本、市場、社内、お客様、様々な情報を集め、判断し、決断して次の一手を打つ。やっていることは変わらない。ただ盤上で起きることは、現実世界で起きている事と比べれば遥かにシンプルだ。だから将棋の中に経営に通ずる本質を見出すことができる。

さて、経営をうまく行うにはどうすればいいのか？　私は将棋の世界からヒントを見つけた。現在のトップ棋士の羽生善治氏が著書で書いていたこと。「才能とは継続できる情熱である」と。なるほど。長く結果を出し続けるには、努力を継続すること、そして継続するための情熱を持ち続けることが大切なのだ。どんな分野にでも当てはまる、もっとも重要な事ではないだろうか？

Profile

株式会社デザインワン・ジャパン 代表取締役社長。

岡山大学大学院修了後、2000年4月に富士通株式会社に入社。スーパーコンピューターやメインフレーム開発事業に携わった後、CRMパッケージソフトウェア開発事業に携わる。退職後、05年9月に株式会社デザインワン・ジャパンを設立し、代表取締役社長に就任。07年にリリースした地域情報サイト「エキテン！」を中心にITで地域活性化を目指す。08年9月事業拡大に伴い、大田区蒲田へ本社移転。10年6月事業拡大に伴い、本社を港区芝へ本社移転（現在地）。

田邊 光

Tanabe Hikaru

田邊ホールディングス（株）

継続は力なり

田邊 光

田邊 光

弊社は産業、家庭、人材、介護の
４つのドメインを軸に
日本の内需拡大に貢献いたします。
事業を継続する事により
人、心、物、商の「四財」を創生し
日本と日本人を元気にします。

Profile

田邊ホールディングス株式会社 代表取締役社長。

1964年4月29日生まれ。87年早稲田大学商学部国際会計学専攻卒。88年米国カリフォルニア州デイズニーランドホテル管理部入社。89年米国ペンシルバニア州 DREXEL UNIVERSITY 経営大学院入学。91年同校卒業 MBA 取得(専攻、ヒューマンリソースマネージメント)。92年米国ペンシルバニア大学付属国際研究財団にて企業向け資金調達担当。96年東洋化工材株式会社（田邊ガステクノ株式会社）代表取締役就任。02年田邊ガステクノ株式会社 静岡営業所開設。06年田邊ガステクノ株式会社 岡崎営業所開設、ISO14001取得。07年 S & P 格付 AAA を取得、10年持株会社 田邊ホールディングス株式会社を設立しガス事業、介護事業、人材派遣事業をグループ会社として分割し傘下におさめる。

Dogu Toshio

道具 登志夫

デジタルアーツ（株）

想えば叶う

道具 登志夫

道具 登志夫

デジタルアーツは１９９５年の創業以来、国内初のWebフィルタリングソフトの開発に始まり、メールフィルタリングソフト、アプライアンス製品、ファイル暗号化ソリューションと一貫して情報セキュリティ分野における製品開発を手掛けてまいりました。

インターネットが日常に欠かせない重要なインフラとなった現在、あらゆる機器からいつでもインターネットに接続できるようになりましたが、その半面、法人においてもご家庭においても、インターネットを介した新たな危険に晒されるようになりました。

弊社は情報セキュリティメーカーとして、全てのお客様のインターネットライフにおいて安心・安全を提供したいという思いで、日々、最新のセキュリティとは何かを考え、製品開発に勤しんでおります。

そして、今後は国内で培った実績とノウハウを礎に、海外市場も視野に入れた製品開発を行い、世界へ羽ばたく日本初の情報セキュリティメーカーを目指してまいります。

Profile

デジタルアーツ株式会社 代表取締役社長。1968年2月17日生まれ45歳。東京都出身。会社に必要なのは「モノづくり」「販売」「管理」の3つだとし、起業前にこの全てを学ぶべく、学生時代には会計とコンピューターを専攻。社会人になってからは、営業職や大型汎用機のプログラマー、教育ソフトのプロデュース等を経験した。88年3月新日本工販株式会社（現・株式会社フォーバル）入社。88年11月株式会社マクロシステム 入社。92年TDKコア株式会社（現・クリエイティヴ・コア株式会社）入社。95年に単身でデジタルアーツ株式会社を設立し、97年同社代表取締役に就任した。98年には国内初となるフィルタリングソフトの開発に成功。主力商品である企業・官公庁向けWebフィルタリングソフト「i-FILTER」はシェア55%を誇り、現在、全国の企業・官公庁7,000団体以上、学校・教育機関25,000校以上に導入されている。また、家庭向けフィルタリングソフト「i-フィルター」は、シェア90%（11年BCNランキングに基づく自社集計）を獲得し、日本PTA全国協議会推奨製品に認定されている。07年財団法人インターネット協会理事 就任。

Nishio Naoki

西尾 直紀

(株)メディアシーク

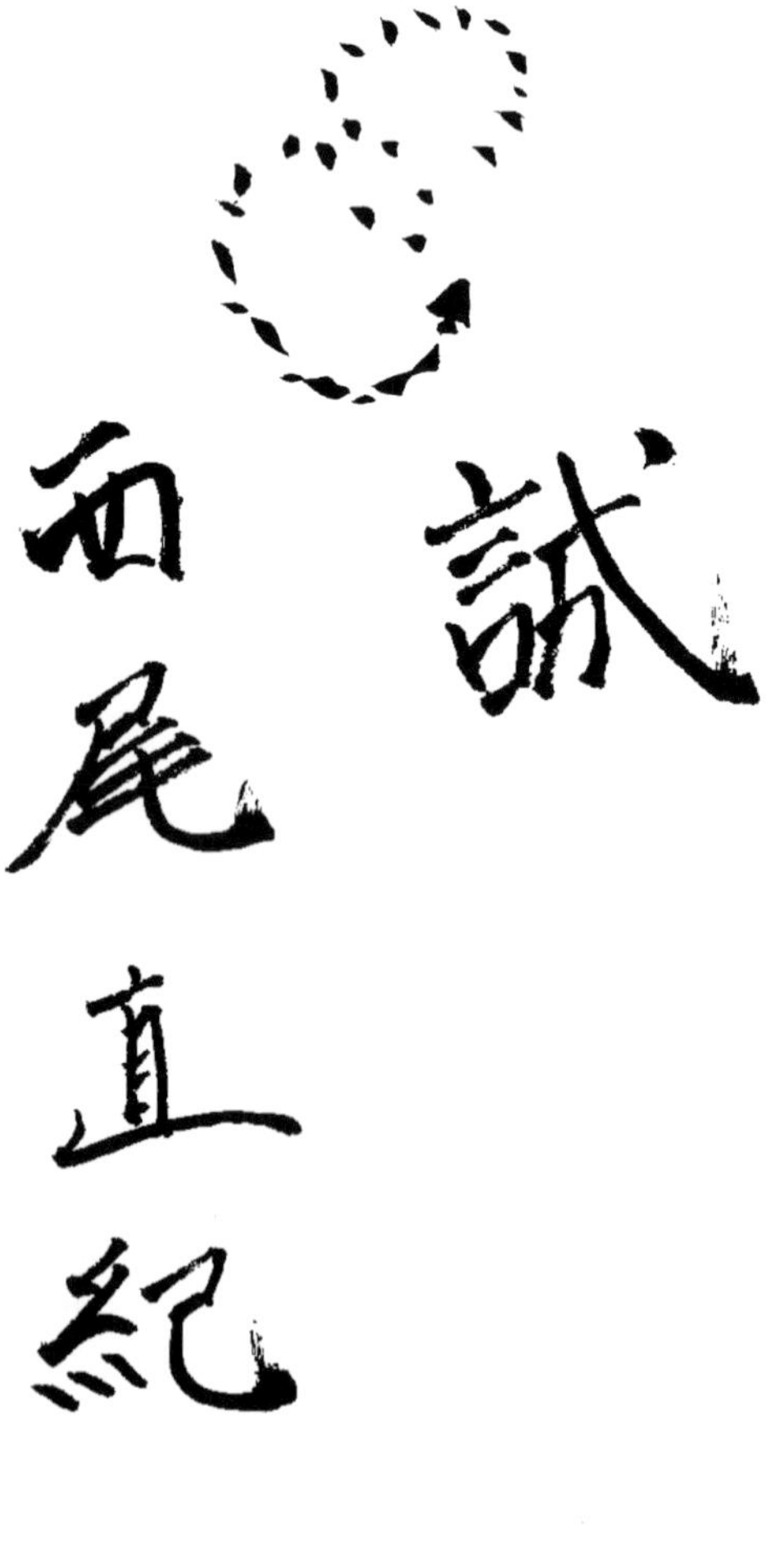

西尾 直紀

起業してから14年目に入るわけですが、我々ＩＴを仕事にする人間にとってはここ数年は、大きな変革の時期に直面しております。スマートフォンの登場は我々の生活を大きく変えていると同時に仕事のあり方も大きく変わっています。

社名にありますメディアシークとは新しいメディアを探求し、チャレンジをもってそのメディアを分かり易く便利にする事を仕事にしたいとの設立当初の思いに由来します。我々は、まさに今直面する新しいメディアの勃興に果敢に挑戦し、世界に善い物を提供することが使命だと感じております。

ＩＴ技術が人々にもたらす恩恵が、全ての人を幸せに、誰一人不幸にする事がない、まさに善良なサービス、ソフトウェアこそが自分が創り出したい物になります。

品質や利便性の優れた良い製品であることはもちろんのこと、社会や世界中の人々を幸せにする善い製品の創造が、自分に課せられた使命であり、そこに日々挑戦することが今の自分の一番の趣味でもあります。

Profile

株式会社メディアシーク 代表取締役。東京理科大学理工学部応用生物科学科卒業。1991年アンダーセンコンサルティング（現アクセンチュア株式会社）に入社。マネージャー、エクスペリアンスドマネジェーと歴任し、00年株式会社メディアシークを設立、同社代表取締役に就任（現任）。設立僅か9ヶ月（日本最短）で東京証券取引所マザーズに上場。03年携帯電話によるバーコード読み取りソフトウェア開発。携帯電話に上記ソフトウェア標準搭載開始。05年世界的デザイナー、サイトウマコト氏とau製「PENCK」をデザイン。世界的な賞である「BREW 2005 Developer Awards」受賞。「株式会社デリバリー」を子会社化。ベトナムに現地法人設立。06年「BREW 2006 Developer Awards」を2年連続受賞。07年タイに現地法人設立。09年「JAPAN SHOP SYSTEM AWARDS 2009」優秀賞を受賞。12年スマートフォン向けバーコードリーダーアプリ開発。累計350万ダウンロード達成。

Fukasawa Eiji

深沢 栄治

（株）光彩工芸

深沢 栄治

ジュエリー・メーカーとして、先代の社長が甲府市に業を起こして今年で56年。今の会社「光彩工芸」は創立47年目を迎えました。

甲府は「宝石の街」として知られています。甲府の貴金属製造業は激しい縮小と変遷の歴史を経て、20年ほど前には９００社以上あったメーカーがなんと今では２００社ほどに減ってしまいました。その歴史の中で、「光彩工芸」は、甲府で最大手のジュエリー工場になっていました。

私どもの会社は、ジュエリー用の金具・部品の生産量が多いという特徴をもっています。金とプラチナだけでいえば、国内シェアは50％近いでしょう。ピアスやイヤリング、クサリの留め金具など年間２００万点近い金具や部品を作っています。私たちは、留め金具を、「美しいジュエリー」と「美しい女性」とをつなぐインターフェース（接点）と考えて来ました。

私に経営哲学として人に誇れるようなものはありません。しかし、確かなことは、イノベーションを徹底させ、二代目社長として会社を絶対に残していきたいという執念ともいうべきものと、ジュエリーを次世代につなぐというビジョンをもってやってきたということでしょうか。

今の時代、ジュエリーはコモディティ（普及品）になりかけています。リサイクル業も多くなってきました。しかし、私たちは、人の気持ちや思い出をつなぐ物語を大切にし、「ストーリージュエリー」という言葉を作り、ジュエリーを親から子へと次世代につなげて行きたいと考えています。ブライダルやリメイクビジネスに力を入れているのも、その考え方からです。

二代目社長というものは、創業社長のような華やかさやスター性とは無縁です。どこまで継続的にイノベーションができるのか、ビジョンをもって会社を何代にもわたって今後何十年と継続させることができるのかを、ひたすら考え続けている地味な存在なのではないでしょうか。

Profile

（株）光彩工芸 代表取締役社長。

1965年山梨県生まれ。89年東京大学工学系大学院修士課程修了。同年、野村総合研究所入社。93年米国留学。2年後に帰国し、（株）光彩工芸に入社。99年同社代表取締役社長に就任。同社はセミオーダー型ジュエリーの開発・受注生産や「ストーリージュエラー（ジュエリーのリメイク・修理サービス）」事業などで国内有数のジュエリーメーカー。国内・海外向けジュエリー部品の開発・生産・販売では、国内シェアは約50％にもなる。

Mae Toshimori

前　俊守

サムシングホールディングス（株）

不可能なんて
何もない
全ては
自分次第であるから
前俊守

前 俊守

新興国を中心とした国際経済の中で、我国のモノづくりが一層注目されています。この様な中で、「汗をかいて物を作る」と言う原点に軸足を置き、企業として何を求められているのかを常に考えて行動すれば、そこには必ず大きなマーケットが生まれます。

私も社会に貢献する企業であり続けたいとの想いで、当社の理念にある「全員が夢を持ち、目を輝かせながら仕事に邁進する会社組織の形成」に、精進して参る所存です。

Profile

（株）サムシングホールディングス 代表取締役社長。

1969年生まれ。89年（株）ワキタ（大証一部）入社。97年地盤改良事業を目的とする（株）サムシングを設立し、社長に就任。00年サムシングホールディングス社長（現任）。同年保証事業を行う（株）ジオ・インシュランス・リサーチ（現株式会社GIR）を設立。01年マレーシアにSomething Re.Co.,Ltd.を設立し、社長となる。06年大阪証券取引所ヘラクレス（現JASDAQ）に上場。同年（株）GIR取締役。11年にはベトナム・ホーチミン市に駐在員事務所を開設した。

前田 健司

Maeda Kenji

燦キャピタルマネージメント（株）

前向きにチャレンジ!!

感謝!!

二〇〇八年九月五日

前田健司

前田 健司

［起業家として］――起業家として、私は、常に夢を持ち続けていたい。揺らぐことのない志と、感謝の気持ちとをもって、常に前向きに挑戦し続けていたい。そうすれば、夢は、必ず叶う。また、私は、経営者として、常に真摯でありたい。そして、私は、経済人としての誇りをもって、悔いのないように、自由で夢のある経済活動を展開し続け、後世へとつないでいきたい。

Profile

燦キャピタルマネージメント株式会社代表取締役社長。

1964年福岡県生まれ。89年成城大学卒業。99年神戸大学大学院法学研究科博士後期課程単位修得退学。89年オリックス入社。大阪本社大阪審査部に配属され、法務業務と、バブル経済時代の企業与信審査業務、バブル経済崩壊過程での債権回収業務に従事。97年同社を退職し、燦キャピタルマネージメント株式会社社長に就任。投資会社として投資ファンド運営事業に本格参入。06年鳥取カントリー倶楽部代表理事。06年燦キャピタルマネージメント株式会社が大阪証券取引所ヘラクレス市場（現、ジャスダック市場）に上場。07年（株）グランドホテル松任代表取締役社長就任。13年鳥取カントリー倶楽部（株）代表取締役会長に就任。

増田勝利
Masuda Katsutoshi
(株)マスダ

増田雄大
Masuda Takehiro
(株)マスダ

素直

増田勝利

増田 勝利

日頃のご愛顧とご厚情に対し、厚く御礼申し上げます。おかげさまで今年当社は、創業から99年を迎えることができました。長崎で手延素麺を製造し続けて来た会社です。

この間私どもは、食を通じて安全・安心・を追求してまいりました。又、日本の社会環境は大きな変遷を遂げてまいりましたが、社会環境がいかに変化しようとも、私たちは、日本の食を見つめ、時代に先駆けた食のあり方を提案してまいりました。

その中心にあるのは「安全・安心・おいしく」という考え方です。世界から評価されている日本の食文化やおもてなしの心を、次世代に引継ぎ、より良い品質で提供することを目指すものであり、時代背景がいかに変化しようとも、お客様と社会の健康長寿に貢献できる企業でありたいと願っています。

Profile

株式会社マスダ 代表取締役。
1949年長崎県生まれ。68年長崎県立島原南高校卒業後、新生商事株式会社（現・三井食品株式会社）入社。73年増田商店入社。93年増田商店は株式会社マスダとなる。04年同社代表取締役に就任。

Matsumura Atsuhisa

松村 厚久

(株)ダイヤモンドダイニング

強い信念と
誇りを持て

Let's Enjoy!!

松村厚久

松村 厚久

資源を持たない日本が古来より磨き続けてきた技術力、また他国にない〝おもてなしの精神〟は、現在の閉塞感に満ちた日本を助ける大きな力です。外食産業においても国内では店舗数も業態も飽和状態だからこそ、弊社は日本独自の強みをもって海外で勝負すべき時と考え、積極的に海外展開を進めています。

価値ある文化といえる日本の外食産業を、誇りを持って次世代に引き継いでいける、そんな企業に育てていきたいと思っています。株式上場後、創業10周年を迎え、創業時から目標としていた〝１００店舗１００業態〟を達成しました。現在は会社として次のステージを迎え、新たな目標〝１０００店舗１０００億円達成〟を掲げて邁進しています。

Profile

（株）ダイヤモンドダイニング 代表取締役社長。

1967年生まれ。日本大学理工学部在籍中、サイゼリアでアルバイトを経験し、飲食業の面白さを体験。卒業後、日拓エンタープライズに入社、ディスコの企画・運営に携わる。95年独立。01年から飲食業に参入し、（株）ダイヤモンドダイニングに社名を変更。同年、1号店「VAMPIRE CAFE」を銀座にオープン。コンセプト・空間・ストーリーを、内装・サービス・料理に織り交ぜ、"非日常性"を具現化した業態を多数展開。13年、企業理念を"お客様歓喜"から"熱狂宣言"に変更。自ら熱狂し、お客様に熱狂的ファンになって頂ける店づくりを目指す。07年大阪証券取引所へラクレス市場（現JASDAQ）上場。現在、グループ全体で多業態約230店を展開中。

三浦 嚴嗣

Miura Takashi

(株)オックスプランニング

人の行く裏に道あり花の山

三浦嚴嗣

三浦 嚴嗣

人がやらないようなことをやると決めて起業した。周りがやっていないこと、人々を驚かせることがしたかった。バスをラッピングさせた広告を日本で最初に走らせた。駅の床を広告にしてみせた。

また、デジタルプリント技術の進化に伴って、空間演出はグラフィックの世界へと領域を拡げていった。その技術を活用し、年間一千件におよぶ空間をデザインした。ＯＯＨ（アウトオブホームメディア）にも用途を拡げた。

やがて競合の増加に伴い、利益率は下がり、事業縮小を余儀なくされる。時を同じくして、映像業界参入へのきっかけをつかんだ。映像配信ソフトウェアの開発という、またもや未知の世界へのチャレンジであった。この事業は、後にデジタルサイネージと呼ばれる市場に発展する。モニターの選定、配信システム、設計施工、運用まで我々はこの分野でのワンストップ企業として、その市場成長期のスタートラインに立っていた。

２０１１年3月11日。その日、すべてのプロジェクトが止まってしまった。

キャンセルで真っ白になるスケジュール表を見つめながら、「今年の上半期は諦めよう」と私が大嫌いな弱音が、頭の片隅をよぎる。テレビで映し出される惨劇を、それに立ち向かう人々の姿を目の当たりにするまでは。今こそ何か行動に移さなくては……。

その年の6月には、ある上場企業から事業買収を決行した。新卒採用を止めることもなかった。そして、今出来ること・すべきことは目の前にあった。

この状況の中でも、ひたすらに踏ん張ってくれているメンバーたち。彼らの頑張りに報いよう。われわれが目指す事業を、もっと必要とされるサービスに育てていこう。人の行かないこの裏道（未知）を歩いてきた自負とともに。

Profile

株式会社オックスプランニング 代表取締役。

1963年生まれ。京都産業大学卒業後、リクルート入社。90年株式会社オックスプランニングセンター（現：株式会社オックスプランニング）設立、代表取締役就任。日本で最初にバスラッピングを走らせ、床面のフィルム広告などを実施。住友３M社主催の、グラフィックデザインコンテストでは８年連続グランプリを受賞。04年三菱電機と共同で、映像配信コントローラー「ベガスステーション」の開発。大型LED表示機「ベガスビジョン」は全国350ヶ所以上で設置・運用を行っている。現在までに、全国約1,300カ所4,000面のデジタルサイネージ設置・運用実績がある。「クラウドエッジ」の事業譲渡を機に、IT企業としての新たな挑戦に取り組む。

森 正文

Mori Masabumi

（株）一休

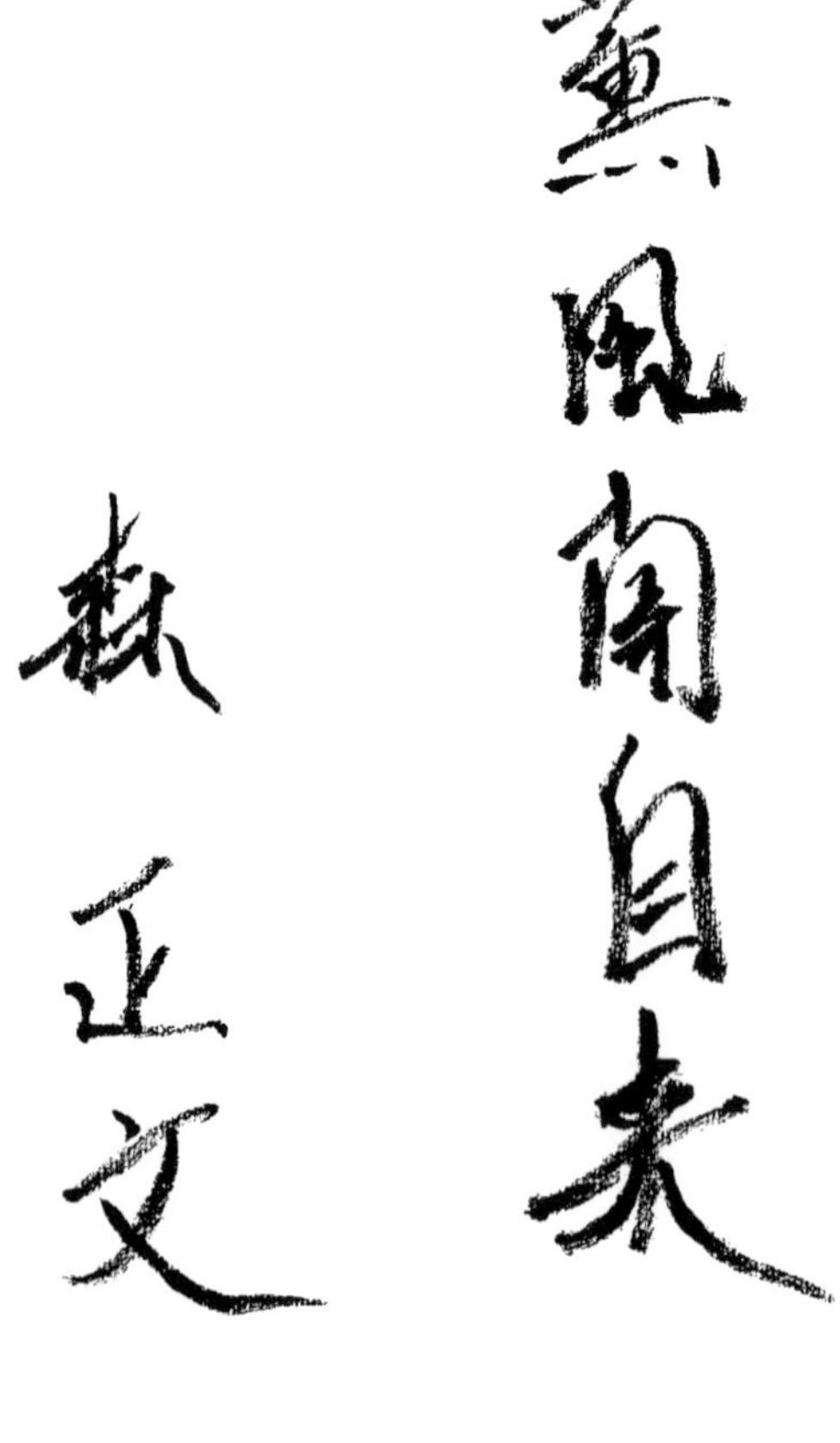

森 正文

若者たちが活き活きと活躍できる会社を作ろう、将来に希望が持てる職場を作ろうと志を抱き創業した。

弊社の運営する高級ホテル・旅館の予約サイト「一休.com」では、「心に贅沢をさせよう」というスローガンを掲げている。他のインターネットの旅行社と比べると単価の高い宿泊施設を扱っているが、たとえ超高級ではなくとも、自分の経済力の範囲でいつも利用している宿より少し背伸びした宿で得られる満足や心に響く体験は、心に多くの栄養を与えてくれる。弊社の社員をはじめ、若い人達には、見るもの、触るもの、味わうもの、何でもいいから、時には自分のお金で一流というものに触れる機会を意識して作って欲しい。それによって得られるものが、目には見えないけれど人としての厚みを形作ってくれる。最近の日本は、「長く続く不況」というキーワードのもと、殺伐とした雰囲気がどことなく漂っている。その雰囲気を変えていくには経済政策だけでなく、文化的で心豊かになれる体験を多くの人に味わってもらうことも必要だと思う。

若者が自分の目標に向かって挑戦している姿は清々しい。それが成功するか失敗するか考える暇もなく突き進む意気込みに触れると、自分自身が会社を立ち上げた時の気持ちを思い出す。人生の時間は限られている。できれば、自分が創業した株式会社一休が、そして私自身が、世のため、人のためになる存在になりたいと考えている。

私たちの企業理念――「株式会社一休は、社会に役立つ新しい価値を創造し続けます。」

Profile

株式会社一休　代表取締役社長。
1962年東京生まれ。上智大学法学部卒業後、日本生命に入社。98年同社を退社。同年、株式会社一休を設立し、社長に就任。00年高級ホテル・高級旅館宿泊予約サイト「一休.com」を開設。05年東証マザーズに上場。06年高級レストラン予約サイト「一休.comレストラン」を開設。07年東証一部上場を果たす。10年ビジネスホテル予約サイト「一休.comビジネス」と、クーポン共同購入サイト「一休マーケット」を開設。会員数は12年12月末時点で約290万人。

森 亮介

Mori Ryosuke

（株）ニッパック

森 亮介

私は高校と大学を米国で過ごしました。米国留学を勧めてくれた両親には大変感謝しています。渡米以来、何もかもが日本と違い、毎日新しい考え方や発想などにびっくりする日々でした。大学を卒業する頃「日本に無い発想や商品を紹介したい」と決意して帰国しましたが、父に帰国後3年間は丁稚に出され、工作機械の営業を行いました。その後、父の経営する物流会社（株）ニッパックへ呼び戻され、若くして取締役企画部長に就任し、自由な発想で事業を展開してまいりました。

仕事も人生も「七転び八起き」ではありましたが、各業界に常に新しい提案をしてきたと自負があります。各業界ではすべて新参者でしたが、3年後には市民権を得られるまでに育ててきました。まずは黒豆で作った納豆を販売（現在は休止中、他社より発売中）、次に幻の炭酸飲料と言われた「クリアリーカナディアン炭酸飲料」（今年より復活）を輸入販売。カナダの氷河の水に天然フレーバーを入れたお洒落でとてもおいしい炭酸飲料です。イタリアからは、ダラーラ社のＦ３レース用車両を輸入販売し、また、イタリア国ロンバルディア州農業共同組合日本支社を設立。イタ飯ブームのきっかけになる食材を輸入販売しました。この頃、輸入禁止項目だった生ハムを両国の間を取り持ち解禁へ導きました。

21世紀を前に先代が他界し、２０００年より（株）ニッパック関連会社6社の代表取締役社長に就任、現在に至ります。２００９年よりハワイ本社の「L&L Hawaiian BBQ 社」（全米２００店舗展開している飲食業）と業務提携、L&L Japan を設立。渋谷に第一店舗をオープンし、現在川崎アゼリア店も展開しております。一皿にテンコ盛りのハワイアン料理、バーベキューやガーリックシュリンプなどの「プレートランチ」やハワイで飲食部門金賞に何度も輝いた本物のロコモコを提供しております。是非一度召し上がってみて下さい。

Profile

株式会社ニッパックインターナショナル代表取締役社長。

1960年東京都生まれ。77年米国ミネソタ州イダイナ市立EDINA-WEST High Schoolに入学、79年卒業と同時にハワイ州Chaminade University of Honoluluに入学、84年に卒業。学士号（Bachelor of Business Administration in Management）経営経済学部経営学科卒業、修士号BBA。帰国後、3年間の丁稚奉公の為、工作機メーカーの機械販売業務を担当し、87年株式会社ニッパックの取締役企画部長に就任。88年以降カナダ・イタリアから食品を中心とした商品の輸入販売を行う。00年9月の取締役会にて全グループ各社の代表取締役社長に就任。04年に美容関係（ネイル・エクステ）の新規事業として、株式会社フェアリークルーを設立。09年米国ハワイ州ホノルル市に所在する、L&L Hawaiian BBQ社（全米で200店舗出店実績）と業務提携し、L&L Japanを設立、代表取締役社長に就任後、アジア進出第一号店を東京・渋谷に出店。さらに12年年末に川崎アゼリア内に第二号店を出店。13年、創業52年を迎えた株式会社ニッパックと各グループを経営の合理化の為、株式会社ニッパックインターナショナルに経営統合し、現在に至る。

山尾 百合子

Yamao Yuriko

（株）メイン

ご縁に感謝
山尾百合子

山尾 百合子

たった一人で始めた会社が、気がつけば、まもなく26期目を迎える。がむしゃらに、全力疾走で走り続けた四半世紀。ここまで、会社として継続できていることは我ながら「あっぱれ！」と思う。

創業時、まだ女性経営者に対して壁が厚い時代でもあった。融資を受ける際に父所有の家や土地を担保にと言われたが、私も、自分勝手に会社を始めた意地があった。おまけに立ち上げた直後、昭和天皇の御崩御。その後、バブル崩壊、阪神大震災、リーマンショック、東日本大震災等、時代の変遷に翻弄されながらも、創業25年間で一度も赤字を計上したことがないのは、人材派遣、教育という競合の多いジャンルの中でメインらしさを貫き、オンリーワン企業を貫いてきたからだと思っている。

とにかく人が好き、人間が好きだから始めた会社。多くの人に出会い、多くの人に助けられ、多くの人に喜ばれ、幸せを共有できたことが継続に繋がってきたものと思う。

就職した日産自動車を始めとする大手企業での広報宣伝の仕事はいずれも高い次元での教育を受けさせてくれ、新しいフィールドの可能性を感じさせてくれた。その経験を「これからの時代はフェイス トゥ フェイスが重要。人を介した販促の時代がくる」と確信し、人材教育や博覧会やイベントのキャスティング等様々なフィールドにこだわりの人材を提供、当社しかできないニッチな分野で（株）メインを立ち上げた。今、考えてみればすべての経験が役立っている。「人生は一度きりだから」まだまだやりたいことはやってみる！夢を持ち続けなければ、実現しない。

Profile

（株）メイン 代表取締役社長。

幼少時代は子役。小中学生時代はアニメのお姉さん。高校時代、歌手「新・青い三角定規」。桐朋学園短期大学時に芸能界から足を洗い（笑）、卒業後、第1期ポーラエレガンス、第15期日産ミスフェアレディ、第9期三越ファッションシスターズ等、常に企業の顔として広報宣伝販促の第一線で活動。その後1988年10月（株）メインを1人で設立。人材サービス業をスタートした。バブル絶頂期の時代、全国津々浦々で実施された博覧会、展示会ブームにのり、大手電機、自動車、飲料メーカー等との仕事を通じてまったく新しい人材サービス会社としての地位を築いた。10数年に渡る鉄道駅案内代行業務や大手モバイルメーカーの2万人のスタッフ教育カレッジ運営などそのフィールドは多岐に渡る。人を磨き、育て、生かす、ホスピタリティに徹底的にこだわる会社としてオンリーワン企業を目指し続けている。著書に「女性客が増える理由」。ラジオ番組（Inter FM）毎週日曜朝6時～7時「BUSINESS LAB」のパーソナリティとしても出演中。（社）東京ニュービジネス協議会理事、大学の外部講師、警察庁協議委員等歴任。

山家一繁

Yamaga Kazushige

（株）ワイエムジーワン

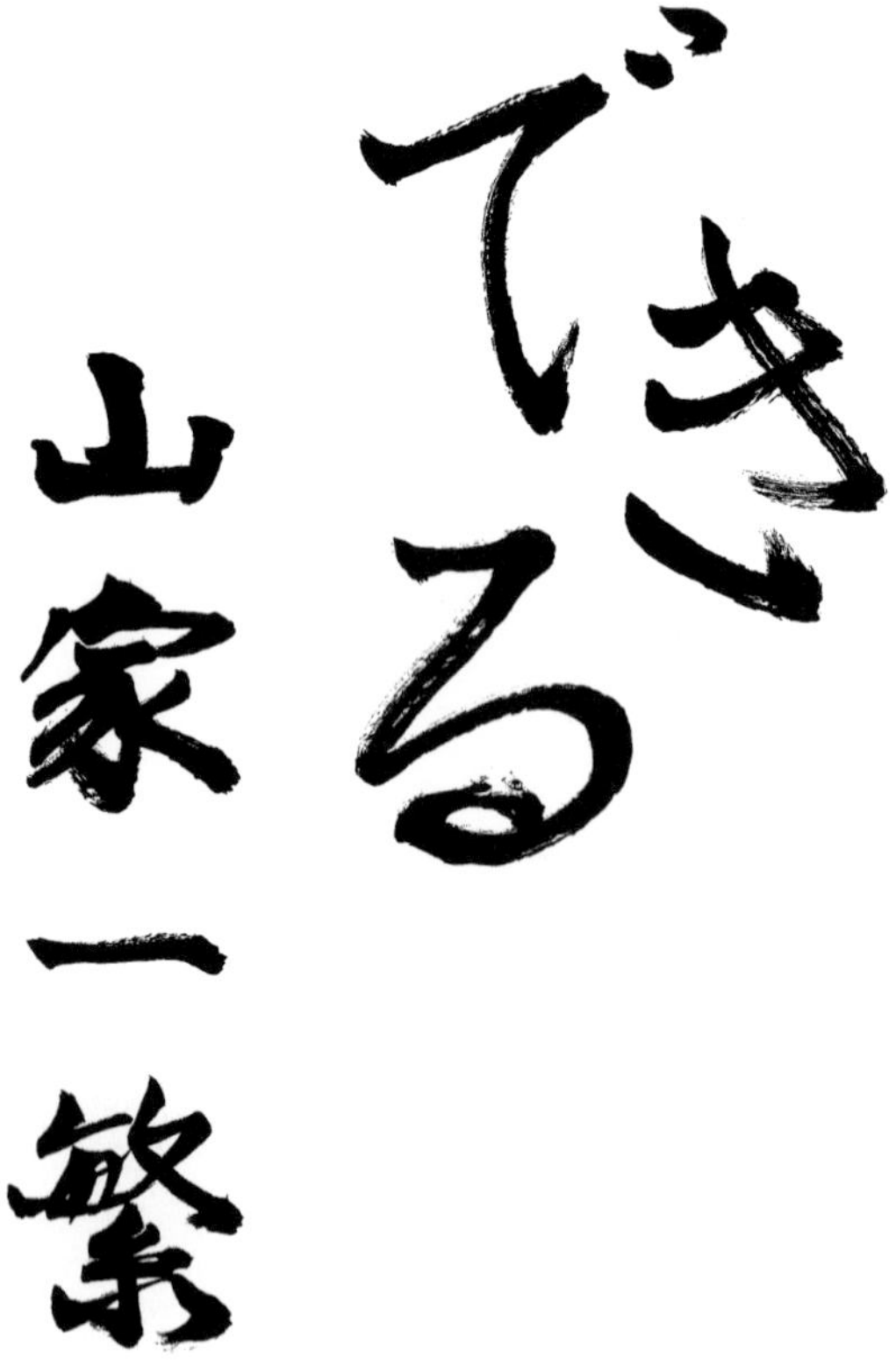

山家 一繁

大好きな言葉は「経営者は経営者からしか学べない」である。尊敬する経営者が逆境に対してどんな行動をどれだけのスピードで実行したか、昨今の環境変化で多いに学ばせていただいた。

きれいな言葉で表現するのはたやすいが、現実は大きく変化している時代にどれだけの責任を背負ってどんな生様を描いていけるのか本当に試されるチャンスが来たと思う。

どんなに急激に変化している時代に生きていても、変化を感じる実体験は時代の生活当事者ではそうそう感じることできないであろう。成功者への道は人の踏みしめた跡だったとすれば、新しい事業を創造する者には見えない道を切り開いて進む勇気と信じた仮説が達成された時に味わう充実感と感動を色付きの夢として追いかけたい。

私はこんな日々に無性にやる気が湧いてくる。そしてそんな人生設計に後の時間を使いたい。

Profile

（株）ワイエムジーワン 代表取締役。1955年東京生まれ。78年立教大学社会学部卒業。自動車部品販売会社を経て父の経営する（株）山家工業所（現（株）ワイエムジジーワン）に入社。10年後の90年から、父の社業を小さな卸売り業態からラッピングフィルムを使用した車両ラッピング専門会社として企業課題解決を目的とした業態に180度変化させた。00年には東京都交通局路線バス、ラッピング広告事業の立上げに奔走し、現在まで3500台以上のバスラッピング広告の制作施工を手がけてきた。その間旧社名（株）山家工業所を（株）ワイエムジーワン（略 YMG1 = YMGONE）に社名変更し、代表取締役に就任。モットーは、Yet More Growth and Origination of Neo Emotion「一層の成長　そして新しい感動の創造」

山田 元康

Yamada Motoyasu

スパイシーソフト（株）

山田 元康

何かの作品に出合って感動した人が
自分で真似して作ってみることはよくあることだと思います。
私自身もそうやってプログラミングに出会いました。

受け手として楽しんでいても、十分楽しいのですが、
「自分でも作ってみる」という一歩を踏み出すと、
さらに大きな楽しさが待っています。
そうやって能動的な作り手が増えれば、
世界はもっともっと楽しいものになると思います。

私たちは事業を通じてこのことを実現したいと思っています。

Profile

スパイシーソフト（株）代表取締役。

東京大学理科一類入学後、ほぼ通わないまま4年の在籍期限切れで退学。在学中よりフリープログラマ・エンジニアとして個人事業を開始。1999年モバイル向けユーザージェネレイティッドメディア（UGM）を提供するベンチャー企業「スパイシーソフト」を創業。

01年携帯アプリ流通事業「アプリ★ゲット」開始。05年ケータイゲーム専門定期刊行誌「アプリ★ゲット」創刊。08年「マンガ★ゲット」サービス開始。12年には、萌×ファンタジーのカードバトル型ソーシャルゲーム「姫奪ダンジョンズロード」配信開始。13年ソーシャルゲーム事業を、フィールズ株式会社様へ事業売却。

湯川 智子

Yukawa Tomoko

（株）サピエント

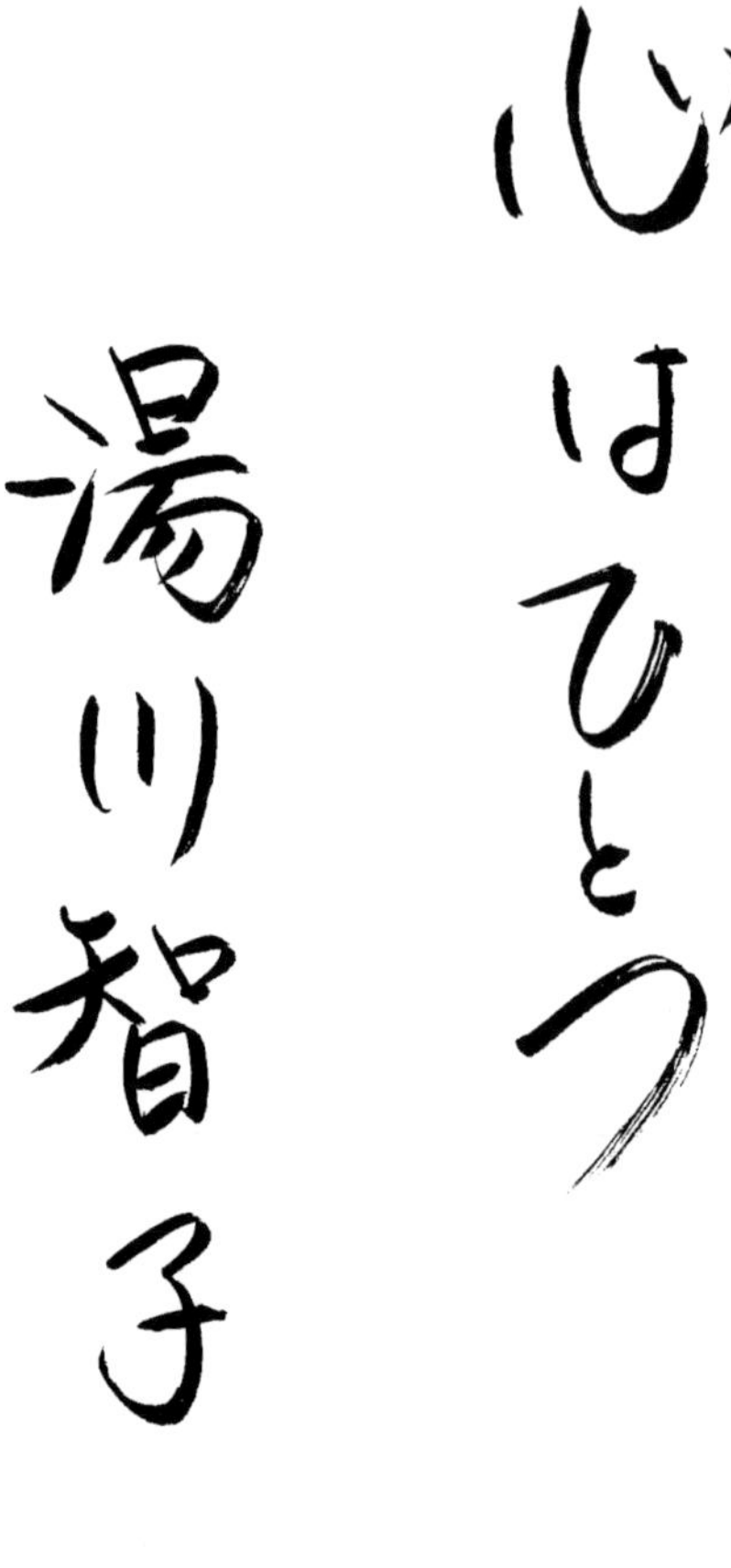

湯川 智子

あの日以降、今まで当たり前に享受していたことを失った方々がどれほどいらしたのか。

それを言葉にできるほどの傲慢さは私の中にはない。

積み上げてきた大変さと、成就できたことの数々の幸せ。暖かな、陽だまりのような家族や仲間。それを一瞬にして奪われた、予想などできなかった現実。

想い出せば、まさしく同時進行で、日本の経済も大きな渦の中にうねりながら閉じ込められていったのではないか。そして、私自身さえも暗闇に突入した感がある。

南相馬に行った時、たくさんの灯篭を眺めながら皆さんと祈った。その時には悲しさより、生かされたことに対する感謝の言葉を多く聞いた。悲しみや困難を乗り越えようとする人々の強さを現実に見た。世界が感嘆した、日本人の秩序と清々しいほどの思いやり。

心から誇りに思った。

1年後の3月11日に式典に一人で仙台に出向いた。私自身の暗闇はまだ続いていたが、恥ずかしくなるほど東北は蘇っていた。

「私も前へ進もう。」理不尽なことに押しつぶされる必要など、どこにもない。東北の雄大な自然と大きな海原を見て、大きな可能性を、実は手にしていることに気づかされて、心安らかな気分を久しぶりに味わった。

「生きているのだから、前へ進もう。」

巨大地震、津波、原発、これらの災厄に出会っても前を向いている皆さんに敬意を表して「私も前に進もう。」

人は誰かに動かされて、自分の展望を見つけるのではないか。それほど弱い生き物なのではないか。だから、生かされた者が、前を向いて、誰かを動かす為に力強く微笑むのではないか。

私はそんな生き方をしたいと願う、一人の事業家であり続けたい。

Profile

（株）サピエント 代表取締役社長。

上智大学短期大学部英語科卒。マツダ株式会社宣伝部勤務を経て、20代にMICE（meeting/incentive/ceremony/event）専門の人材サービス会社（株）ドゥ・クリエーションを1982年に個人創業し、業界最大手に育成。実績として、FMラジオ局の創設運営、最大手コーヒーメーカーのプロモーション、化粧品メーカーにおける定性・定量調査、国際博覧会の運営業務、インフラが変更する際の移管業務案件（スイカ・タスポ・地デジ）のオペレーション業務に従事。また、施設運営はマツダ株式会社で学んだノウハウにより多数の案件を担当。特に新ブランドが立ち上がる際の人材に関する課題解決をミッションとして力を注いだ。現在、クライアント数は4000社に及ぶ。また、自己の事業運営と共に、ベンチャー創出支援をライフワークとしている。現在、一般社団法人東京ビュービジネス協議会の副会長を務め、起業促進を通じて日本の活性化に寄与する為にボランティア活動を行っている。

あとがき

人間の「顔」を撮り続けて35年余になります。「政治家」「芸術家」「企業家」など、「この人」と感じる人たちを撮り続けて参りました。特に経営者の被写体が多いです。

最初に撮りたかった人が経営者でした。

その人物は「隙のない引き締まった顔、立ち居振る舞いに人徳のただよう風貌」でした。でも最初から「立派な顔」であったとは思えません。

幾多の困難を乗り越えて行く過程で、味のある「風貌」になられたのだと思います。この本の中の経営者たちもやがてそのようになられるのでありましょう。

なぜか、邁進し続ける「企業家の姿」と、東日本で懸命に生き、復興に励んでおられる「人々の姿」とが重なる想いが致します。

この企画に時間がかかってしまいましたことを被写体の方々、ならびに関係者に深くお詫び致します。

海田悠

海田悠プロフィール

1947年　大阪生まれ

1985年　海田悠写真事務所を設立

1993年1月「経営者の肖像」展　銀座和光ホール

1993年4月「経営者の肖像」展　大阪MBSギャラリー

1999年2月「日本の女将」展　銀座山野楽器

2000年1月「表現者の肖像」展　銀座和光ホール

2001年2月「輝いている・31Femmes」展　銀座ラ・ポーラ

3月　スーパー歌舞伎「新・三国志Ⅱ」展　お台場ビーナスフォート

4月「ふだん着の政治家」展　衆議院議長公邸

9月　スーパー歌舞伎「新・三国志Ⅱ」展　大阪松竹座篇　大阪キリンプラザ

2002年3月　スーパー歌舞伎「新・三国志Ⅱ」展　九州博多編　九州岩田屋

2003年3月　スーパー歌舞伎「新・三国志Ⅱ完結編」展2003年版　ポーラミュージアムアネックス

4月「ふだん着の政治家」展　銀座和光ホール

7月「新・経営者の肖像」展　銀座ミキモトホール

2004年1月　スーパー歌舞伎「新・三国志の世界」展　新宿三越

4月　スーパー歌舞伎「新・三国志Ⅱ完結編」展　2004年版　ポーラミュージアムアネックス

6月「舞台裏のエトワールたち」展　松屋銀座

2005年1月「華麗なる世界（東京バレー団）」展　ポーラミュージアムアネックス

2006年1月「挑戦者の群像 ビジネス編」展　ポーラミュージアムアネックス

2007年1月「蜃気楼・シルクロード」展　ポーラミュージアムアネックス

10月「時代を創る挑戦者たち」展　アート・コンプレックスセンター

2008年1月　海田悠作品展　帝国ホテルプラザ

2010年11月「産業人魂」展　和光並木館　和光並木ホール

2012年6月「經營者の肖像」展　キヤノンギャラリーS

企業家は生きる

２０１３年４月15日　初版第1刷発行

写　真　海田　悠
装　丁　横山　恵
発行者　宮島正洋
発行所　株式会社アートデイズ
〒１６０−０００８　東京都新宿区三栄町17　Ｖ四谷ビル
電　話　０３−３３５３−２２９８
ＦＡＸ　０３−３３５３−５８８７
http://www.artdays.co.jp
印刷所　株式会社美松堂